Hilde Dursch

Ein Albdorf in Gedichten

Luftbild Asch, 1950er Jahre
Bildnachweis: Stadtarchiv Blaubeuren

Zum Geleit

Zielsetzung dieser in lockerer Folge erscheinenden Reihe ist es, sowohl allgemeine geographische Themen, als auch spezielle landeskundliche Untersuchungen in verständlicher Form darzulegen.
Dieses Jahr wird ein heimatkundliches, ein kirchengeschichtliches und ein forschungsgeschichtliches Heft vorgelegt.

Eine Albbäuerin erzählt ortskundig und poetisch von ihrem geliebten Heimatdorf: ihre Gedichte tragen betrachtende, sinnierende und persönliche Züge. Typische Albausdrücke wechseln sich mit wohlüberlegten Formulierungen ab.

Zur 500-jährigen Wiederkehr des Datums 1497 im Chorraum des Ascher Gotteshauses, feiert die Kirchengemeinde dieses Albdorfes die Kunstwerke, Kirchengeschichte und Ortsgeschichte dieses Zeitraums. Zahlreiche Vorträge, Gottesdienste, ja sogar ein eigens angefertigtes Mundartspiel zum Ährenkasten nach den Hungerjahren 1816/17 findet sich in Heft 14.

Schließlich stellt Oberarchivrat Dr. Stefan Molitor den Afrikaforscher Karl Mauch (1837 – 1875) vor, der nach seinen Entdeckungsreisen im südlichen Afrika in Blaubeuren gelebt hat. Dabei lernen wir manch amüsante Eigenart der Blaubeurer Bürgerschaft kennen. Dankenswerterweise hat Stadtarchivar Martin dieses Heft vervollständigt und illustriert.

Ich wünsche viel Freude beim Lesen und eine weiterführende Nachdenklichkeit.

Gotthold Knecht
Herrlinger Straße 21
89143 Blaubeuren-Asch
Telefon 07344/7186

Dorfleben

Unser Dorf

Ganz ruhig und friedlich unser Dörflein hier liegt,
dies hab ich schon von meiner Kindheit an geliebt.
In der Mitten in grüner Zipfelmütze,
ragt hervor die Kirchturmspitze.
Um den Turm ein Häusermeer,
ich liebe meine Heimat sehr.

Hier hab ich gesungen, gescherzt und gelacht,
die meiste Zeit meines Lebens verbracht.
Auch erlebt schon viel Freude und Leid,
vorbei ging Kindheit und Jugendzeit.
Die Jahre flogen so schnell dahin,
als wenn die Schwalben nach Süden ziehn.

Man schaut zurück und macht mal halt,
auf einmal ist man grau und alt.
Wenn auch noch so schnell die Zeit vergeht,
die Liebe zum Dorf im Herzen besteht.
Das ändert auch keine irdische Not,
Wir bleiben ihm treu bis in den Tod.

Unsere Hüle

Nicht jedes Dorf, nicht jede Stadt,
heut noch eine Hüle hat.
Mitten im Flecken ganz ruhig und still,
liegt das friedliche Idyll.
In einer Senke der tiefsten Stelle
war die Hüle früher – außer den Brunnen – die einzige Wasserquelle.
Sie diente zum Begießen der Gärten,zum Löschen des Feuers,
auch als Tränke fürs Vieh,
ausgetrocknet ist die Hüle gar nie.
Von Zeit zu Zeit wurde sie von Schlamm und Unrat geräumt,
zwölf Pappeln, eine Esche und eine Trauerweide heute die Hüle umsäumt.

In den vielen Jahren allen,
ist schon mancher in die Hüle gefallen.
Keiner konnte damals schwimmen,
das ganze Dorf war betroffen,
es hat geheißen:
der oder die ist fast ersoffen.
Der Adlerwirt hat so manchen aus der Hüle geholt
und ihm anschließend den Hintern versohlt.

In unseren Kindertagen,
hörte man nachts oft die Frösche quaken.
Tagsüber war die Hüle von Gänsen und Enten voll,
ein buntes Treiben und Geschnatter, das war ganz toll.
Heute sorgen noch ein paar Enten, daß sich das Wasser bewegt,
wenn der Wind das Laub über die Fläche fegt.

In früheren Zeiten hatte die Hüle viel zu bedeuten,
den Nutzen hatten die Armen und die Reichen.
Die Menschen haben aufs Wasser geschaut
und drum herum ihre Häuser gebaut.
Immer mehr sind's geworden, die ganzen Verwandten,
und dadurch ist unser Dorf entstanden.
Genau weiß es niemand, aber wir wissen halt,
unsere Hüle ist schon etliche hundert Jahre alt.

Wie ist es doch um die Winterszeit,
da haben unsere Kinder recht viel Freud.
Wenn die Quecksilbersäule unter 15 Grad sinkt,
freut sich bei uns schon jedes Kind.
Und ehe man sich's recht versieht,
ist auf der Hüle Hochbetrieb.

Trotz Verbotsschild können wir's nicht aufhalten,
auf die Hüle gingen schon die Alten.
Unsre Eltern – ja wir selbst – sind vor 50 Jahren,
im Rock schon auf der Hüle Schlittschuh gefahren.
Die Mädchen trugen damals noch keine langen Hosen,
wir hätten ja gegen alte Sitten verstoßen.

Früher war die Hüle oft stark vereist,
doch die Schlittschuhe waren nicht auf die Schuhe geschweißt.
Wie oft ging einer runter: war das ein übel!
immer mußte man holen den Schlittschuhtriebel.

Im Krieg und nachher war alles ganz knapp,
man trug eine Strickjacke, es gab noch keinen Anorak.
Auch sonst ist alles ganz bescheiden gewesen,
als Eishockeyschläger dienten abgekehrte Binsenbesen.

Auf der Hüle toben jetzt unsre Kinder und Enkelkinder,
was wäre schon ohne die Hüle ein Winter?!
Hab letztes Jahr dem bunten Treiben zugeschaut
und gesehen, wie es manchen auf den Hintern haut.
Bin ganz nahe beim Verbotsschild gewesen,
da dachte ich bei mir: die gehn doch fast alle schon zur Schule,
können die denn nicht lesen?

Es wird auch so bleiben, es ist unerhört,
daß man so einen alten Brauch zerstört!
Es ist das Erbe unsrer Väter, umringt von viel Holz,
auf unsre Hüle sind wir stolz!
Wir wollen dies Erbe gut verwalten
und die Hüle noch unseren Kindern und Enkel erhalten.

Wenn Friede ist im Land,
so hoffen wir fest,
feiert man in 100 Jahr -
selbst wenn wir nicht mehr sind -
noch s'Hülafest.

s'alte Schulhaus

Seht euch das alte Schulhaus an,
es hat längst seinen Dienst getan.
Die Fenster blicken schwarz und grau,
kein Leben mehr wohin ich schau.

Wie war es letztes Jahr um die Weihnachtszeit noch so toll,
das ganze Haus von Licht und Leben voll.
An jedem Fenster im roten Mantel ein Nikolaus,
das sah ganz bezaubernd aus!

Dann die Gold- und Silbersterne,
leuchteten in weite Ferne.
Auch der Adventskerzenschein,
strahlte hell in jedes Herz hinein.

Ein Umtrieb war in diesem Haus,
viele gingen ein und aus.
Doch heut ist alles öd und leer,
kein Kinderlachen hört man mehr.

Hier haben alle Kinder vom Dorf Lesen und Schreiben gelernt,
doch heute ist die Schule ein Stück vom Dorf entfernt.
Dienstags und mittwochs wird geprobt,
von Flötenchor und Musikverein, da brennt noch Licht,
doch hinterher macht man die Räume wieder dicht.

Ab und zu so manches Mal,
dient das Schulhaus noch als Wahllokal.
Lassen wir's, es ist vorbei,
es war einmal, wie denn auch sei.

So vergeht die Zeit mit Schwung,
was bleibt ist nur noch Erinnerung.
Zurück blicken auch wir älteren Leute,
es war auch einmal unser Schulgebäude.

Die Strickrunde

Zwanzig Jahre ist es bestimmt schon her,
vielleicht auch noch ein paar Jahre mehr.
Wann haben wir mit dem Stricken begonnen?
doch wir sind auf kein Resultat gekommen.

Ist auch egal, wie dem auch sei,
heute besteht noch unsre Strickerei.
Wenn der Weihnachtsputz und die Bäckerei,
der ganze Trubel und das Fest vorbei,
dann halten wir Jahrzehnte schon,
fest an unsrer alten Tradition.

Jeden Mittwochnachmittag, so lautet die Kunde,
sitzen wir fünf Schwägerinnen zusammen in der Strickrunde.
Mittwoch, das ist unser Tag,
geschafft wird nur am Vormittag.
Das Mittagessen fällt nicht so üppig aus,
denn nachher gibt's den Kaffeeschmaus.

Dann wird gestrickt, geschwätzt und berichtet,
wie es schön war und auf was wir verzichtet.
Wie waren wir dankbar und zufrieden
mit dem wenigen, was uns war beschieden.
Was haben wir aus aufgezogener Wolle gemacht,
darüber wird jetzt manchmal gescherzt und gelacht.

Gibt's mal a Sensation oder en Skandal,
darüber wird berichtet allemal.
Dann riecht man schon den Kaffee, den gibt's natürlich auch
Und ein paar Stücklein Kuchen, so verlangt es der Brauch.
Wir sind auch zufrieden mit einem Hefezopf
oder mit ein paar Brocken Marmorgugelhopf.

Am schönsten ist's, wenn's draußen richtig stürmt und schneit,
dann genießt man am warmen Ofen die Gemütlichkeit.
Wie mollig bei Tante Babett, fühlt man sich nicht richtig drauf,
dann wärmt man sich den Rücken am Ofenbänkle auf.

Darüber vergeht die Zeit im Flug,
oft wissen wir noch nicht genug.
Dann ist der Zeiger schon wieder am Fünfer vorbei,
zu Ende geht für heute unsre Strickerei.

Vor Jahren haben wir noch Pullover und Westen gemacht,
die Kinder und die halbe Verwandschaft beschenkt.
Doch seit wir älter sind
haben wir uns hauptsächlich auf Socken und Handschuh beschränkt.

Solange es die Gesundheit erlaubt,
klappern die Nadeln, stricken wir jeden Winter.
Wenn wir nicht mehr sind,
glaubt ihr, es stricken noch unsre Enkelkinder?
Diese können keine Fersen und keine Spitzen,
höchstens die alten Strümpfe als Sparstrumpf benützen.

Am 14. Januar wird mit dem Stricken begonnen
und am 15. März Abschied genommen.
Zweimal kommt meistens jede dran,
so ist seid Jahren unser Plan.

Dann kommt die große Sommerpause,
wir schaffen im Garten und zu Hause.
Ist dann im Herbst alles unter Dach und Fach,
wird in uns leise der Wunsch wieder wach:
s'Stricka, des wär halt unser Fach.
Kann man den Weihnachtskaktus am Fenster erblicka,
im Januar fang mer wieder a zom Stricka.
So halten wir's schon viele Jahr',
daß wir noch beieinander sind, macht uns dankbar!

s’alte Backhaus

Ganz einsam und verlassa das alte Backhäusle steht,
selten ein Rauch mehr aus dem Schornstein weht.
Alle zwoi oder drei Wocha backet no drei oder gar vier,
no bleibt wieder a Weile verschlossa die Bachhaustür.

Von den vielen Menschen, die dort ein und aus gingen,
sind ihm nur noch ein paar wenige treu geblieben.
Backen ist viel Arbeit, das Kneten geht schwer,
und viele, die einst gebacken, leben gar nicht mehr.

Wie war es früher um die Weihnachtszeit,
da gab’s am Backazieha oft schon Streit.
Der Backfrau hand se des Säckle rausgrissa,
ond Würfel älle auf em Boda romgschmissa.

Der Ofa war en dr Hitz, hot Tag ond Nacht brennt,
bis am andra Morga in jedem Ofa zehn backa hent.
Schwarzbrot, Weißbrot, Wasserwecka, Platz ond en Hefezopf,
Stolla, Lebkucha, zum Fest au no en Gugelhopf.

Und vorher scho beim Brötla backa,
konnt mr amol a Schwätzle macha.
s’halbe Dorf kam zamma, bis mr nach zehn Minuta wieder dradenkt,
waret die Brötla fast scho verbrennt.
Im Winter bei dem viela Schnee hot mr dr Wasserschlitta gnomma,
do isch s’Platz, Muld ond Zöpf älles uf oimol ins Backhaus komma.

War die Hitz amol et so stark,
no war des weiters gar et arg.
Am Nebatürle hot mr a Vorfeuer gmacht,
wie do des Brot a Farb kriegt hot, do warscht ganz überrascht.

Ausglutet hot mr net wie heut mit dem Lumpa so,
mr hot domols no ghet en Wischer aus Stroh.
Doch heut sind die Öfa modernisiert,
a Eilaibschüssel, a Kruck ond Ausnammer no existiert.

Bis der Ofa wieder in der Hitz ischt wie des zischt ond raucht,
wieviel Kärra Holz ond Büschla mr do braucht.
Ganz Johr hoscht s'aischt Bacha so ogfähr,
oms nomgucka ischt dui Schupfe von de Büschla leer.

Bringscht des Brot hoim, no riecht s'ganz Haus,
vom Bacha bischt ganz hee, do ruhscht erst mol aus.

Hoscht du schöa bacha a Muld voll Brot,
denkscht für de nächschte vier Wocha gibt's koi Hongersnot.
Kommscht du om d'Molke, no riescht scho de Duft,
vom neubachene Brot liegt om d'Hüle en dr Luft.

Em Bachhaus oder uf em Hoimweg kommt se gfahre ond glaufa,
do könntescht glei an d'Städter a paar Loib verkaufa.
Doch i will et markta, do liegt mir nex dra,
bin froh, wenn i mein Doig selber no gneta ka.

Früher zom Nachtessa isch de ganz Familie om da Tisch ghockt,
a kalta Milch vom Keller gholt ond neubaches Brot eibrockt.
Des war gsond, do hot mr a paar Scherba glehrt,
s'war gessa ond tronka ond niemand hot sich über Gallastoi beschwert.

A Gespräch von a paar alte Leut, se gucket zurück auf ihra Jugendzeit!

Mir waret au amol jung ond schöa,
des isch vor etlich Jährla gwea.
Manch Frühling ond Sommer zoget übers Land,
mr hot gschafft no recht viel von Hand.
Von morgens bis obeds, oh war mr domm,
uf oimol isch dr Buckel kromm.

Dr Ma sait zu seim Weible, schau,
mir weret jetzt so langsam grau!
Die Hoor, dr Scheitel wird ganz licht,
ond Runzla sieht mr in onsrem Gsicht.
Des Leba, des macht gar koin Halt,
mir weret jetzt so langsam alt!

Se gucket zurück, s'war trotzdem schöa,
do isch no koi so Hektik gwea.
Es ging no ruhig zua auf dr Welt,
glebt hot mr au mit wenig Geld.
Heit trotz dem Lärm ond dem Getöß,
des isch ganz wirklich nemme des.

Mr muß jetzt oifach langsamer laufa,
Stieg nauf ka mr's kaum me verschnaufa.
Derfscht nemme so viel Moscht net trenka,
muscht au an die Gesundheit denka.
Em Alter soll mr fettarm kocha,
Milch, Käs ond Quark sei guat für d'Knocha.

Freu dich jeden Tag, wenn die Sonne scheint,
sei au net traurig, wenn der Himmel weint!
Vom Rega wächst onser täglich Brot,
sonst gäb's jo no a Hongersnot.

Wenn no mehr lost noch dei Kraft,
denk: i hau mei Arbeit längst scho gschafft.
Lasset jetzt de Jonge sprenga,
d'Enkela sollet euch s'Essa brenga.
Des findet mr heut nemme überall,
doch uf em Land isch des no dr Fall.

Setz di an dei Fenster na,
von do aus, mo da älles guat beobachta kaascht,
guggescht was dorfaus, dorfei

goht an deiner Tür vorbei.
No brauchscht koin Fernseher mehr, der di informiert,
do bischt bestens orientiert.

Kannscht jetzt gemütlich dei Zeitung lesa,
des ischt johrelang bloß verhudlet gwesa.
Schwätz au amol a Weile mit de Leut,
denn auf oimol hosch du mehr Zeit!

Wenn du no aufstau kaascht ond di selber versorga,
no dank deim Schöpfer jeden Morga!
Kriegscht amol da Krampf en d'Glieder,
denkscht – er bleibt et do, er got au wieder.

So isch halt der Lebenslauf,
au Schmerza ond Krankheit haltet mir et auf.
Trotz allem – a fröhlichs Gemüt,
au immer wieder des Schöne sieht!
Mr frait sich doch, wenn d'Bloma blühet,
wenn d'Schwalba wieder zu uns ziehet,
wenn schmilzt der letzte Schnee
ond nochher blühet Wiese ond Klee.

Dui Zeit hält niemand auf,
so isch halt des Lebens Lauf!
Verwarta ka mr's ond scho bald,
sind au die heutge Jonge alt.
Drom wünschet mir Euch allesamt
en wohlverdienta Ruhestand!

Erster Schultag

Unser Benjamin kommt ganz niedergeschlaga nach Haus:
»Dui Schul, des halt i dui Woch grad no aus.
Glaubet ihr vielleicht, daß i a Johr do nogang,
ond älleweil zuhör ond stillsitz ond lern?
Moinet ihr vielleicht i mach am Lehrer da Knecht,
was i les ond schreib ischt älleweil et recht!
Der Bille, der Bobbel, der Tim ond der Tom,
no les es wieder falsch ond hentersche rom.
Do fahr i viel lieber mit meim Großvater Mischt,
do woiß i, daß der mit mir zufrieda ischt.
Do kann i senga ond pfeifa derbei,
do draußa in Feld ond Wald bin i vogelfrei!
Jetzt gang i halt no a paarmol na, was isch scho derbei,
sonscht, wenn i et komm, holet mi d'Polizei.«

Hülenfest

Für alle Dorfbewohner, doch au für viele Gäst,
feiert mr en Asch des Hülefest.
All zwei Johr, seit 1977 scho
isch des bei uns Traditio.
Darauf freut sich jung ond alt,
an dem Tag bleibt d'Küche kalt.
Für die Hausfraue a großes Plus,
weil do koine koche muß.

Alle setzet sich om d'Hüle an Tisch,
esset Göckel ond Steaks vom Grill ganz frisch.
S'gibt au no a brotene Wurscht,
Bier ond Sprudel für onseren Durscht.
Au d'Vegetarier leidet koi Not,
s'gibt Butter-, Käs- ond Rettichbrot.

Für d'Kender gibt's, soviel i weiß,
au Süßigkeite ond a Eis.
Mittags gibt's Kaffee ond Kucha,
wer Lust hat, ka a Stück versucha.
S'ist bestens gsorgt fürs leiblich Wohl,
daß koiner Honger leida soll.

Der Musikverei mit viel Musik ond manchem Lied
erfreut das Herz ond au des Gmüt.
So sitzt mr do en froher Rond
bis zu später Abendstond.

Die Vereine gebet sich viel Müha
bei dem wilde Hogazieha.
Ond se zieget hin ond her,
wellet zoige, wer der Stärkere wär.
Von der Stirn, do tropft der Schweiß,
denn jeder will de erste Preis.

Beide Mannschafte könnet et gwenna,
mr muß au mol verliera kenna.
Doch von de gewinnende Genossa
wird der Sieg glei mit Sekt begossa.

Hinterher nemmt mancher a unfreiwilligs Bad,
des Wasser ischt et s'Schönste grad.
Oin Schluck schadet nex, denn d'Hüla-Ente
müsset des jo täglich trenka.

Vor a paar hondert Johr ginget zwoi Zecher nach Haus,
kommet se vom Adler oder der Krone raus?
Mr woiß des nemme so genau,
waret se no nüchtern oder blau.
Doch do saget se en ihrem Balla:
Der Mond, der isch en d'Hüla gfalla.
Ond schnell mit ma Birahoga
hend sen aus dr Hüla zoga.
Mr woiß net, isch's wohr oder verloga,
aber seitdem sen mir d'Ascher Hoga,
sen des bis zom heutige Tag
ond bleibet's vollends onser Lebetag.

Langsam senkt sich dann die Nacht,
es wird ans Aufhöra gedacht.
Die Sieger werdet no geehrt,
ihne a kleis Gschenk beschert.
Es verstummt Musik ond Lied,
mancher fröhlich heimwärts zieht.
Endlich macht mr dann Schluß,
weil morga wieder jeder zur Arbeit muß.
Allmählich verschwindet de letzte Gäst
ond freuet sich scho wieder aufs nächste Hülafest.

Unser Dorf wird zur Stadt (Eingemeindung)

In unsrem Dorf gibt's kein Schuster, kein Küfer, kein Schneider,
die meisten Leut kaufen sich fertige Kleider.
Es gibt auch kein Bäcker, kei' Metzgerei mehr,
ja selbst die Molkerei steht leer,
wo alt und jung, als die Arbeit getan,
noch vor Feierabend zusammenkam.
Vom Platz, der Vorstadt ond de Häusla eilten sie herbei,
mit Kannen voll Milch, gleich zwei oder drei.
Das Tagesgeschehen wurde da diskutiert,
kein Fernsehen gab's und kein Blatt illustriert.
Die Dorfgemeinschaft wurde noch gepflegt,
ehe man sich zur Ruhe gelegt.

Fünf Wirtschaften gab's früher, heut nur noch eine,
dafür aber einen Haufen Vereine.
S'gibt au kei Hebamm ond koin Farrastall,
dafür aber a große Gemeindehall.
Z'Asch ka mr jetzt große Feste feira,
do muß mr nemme nach Blaubeura.

Der Schultes wird ersetzt durch dr Ortsvorsteher,
ond d'Oma durch dr Farbfernseher.
Koin Bittel hörscht du mit seiner Schälle,
das Mitteilungsblatt tritt an seine Stelle.
Do wird de Leut alles verkündet,
was de ganz nächst Woch stattfindet.

Zu Haus wird fast koi Sau mehr gschlachtet,
im Arrest koi Handwerksbursch mehr übernachtet.
S'gibt au koin Fraunvogt ond koin Gemeindepfleger,
koi Waschfrau ond koin Hochzeitsläder.
Koin Krättamacher ond koi Krankaschwester,
s'hot au nemme so viel Schwalbanester.
Au koin Strausack, mr liegt bloß no uf Matratza,
s'gibt au nemme so viel Mullakatza.

D'Schul goht bloß no bis zur Klassa viera,
de andre loßt mr scho schtudiera
oder fährt mr's übers Feld,
des koscht natürlich en Haufa Geld.
S'Berghüla lernet de ältre Semeschter,
z'Asch gibt's halt en Schülerchor ond a Flötaorchester.
Ond die, wo besser begabt von der Natur,
die machet en Blaubeura s'Abitur.

Wo triffst du in deim Dorf noch an,
ein Kuhfuhrwerk oder ein Pferdegespann?
Im Winter koin Schlitta mit Glockengeläut,
am Schulberg und Platzberg koi Winterfreud.
Nur die Hüle ist noch wie sie früher war,
doch: »Verboten! Betreten auf eig'ne Gefahr!«
Unsre Schleife ging früher rauf bis zum Baaren;
später konnte man Eisschimmel fahren.
Doch das war leider nicht erlaubt,
der Lehrer hat uns hinterher tüchtig gestaubt.

Sogar die Gefriere, die wir oft ausgeeist,
steht da ganz verlassen und verwaist.
Auch vernimmst du kein Gänse- und Entengeschnatter,
vielleicht noch im Käfig ein Hühnergegacker.
Wo kräht noch ein Gockelhahn auf dem Mist?
Wer geht noch am Sonntag zur Kirche als Christ?
Heute bleibet doch viele zu Haus,
im Wohlstand kommt man auch ohne den lieben Gott aus.

Auch sind die Scheunen nicht mehr voll Korn, Stroh und Heu.
Wer kocht morgens noch den Schwarzen Brei?
Wer scherret Spätzle no vom Brett?
Mr ißt au nemme so viel Schweinefett.

Fährst du dorfaus oder dorfein,
hörst du bald keine Kuh mehr schrei'n.
Auch findest du bald keine Miste mehr,
die meisten Güllengruben sind leer.

Auch läuft man nicht mehr miteinander zum Rübenhacken,
die wenigsten tun noch ihr Brot selber backen.
S'gibt koin Bahnschlitta ond koi Dreschmaschee,
des alte Zuig isch älles hee.

Von Haus zu Haus hot mr einst gmoschtet,
doch dui alt Moschte isch scho längst verrostet.
Mr fährt mit koim Schiebkarra ond koim Leitrawaga,
mr muaß au koine Säck mehr traga.
Derzu nimmt mr des Gebläse,
im Acker schafft mr mit dr Kuldiegg ond dr Fräse.

Im Winter wird nemme so viel gschdickt ond gflickt,
des alte Zuig gibt mr oifach dr Sammlung mit.
Koin Rupfaschurz mai, mr trägt jetzt a bessres Häs,
ißt au nemme so viel Backstoikäs.
S'gibt au koi Lichtstub, koine Mägd ond Knecht,
viel Baura ganget jo selber ens Gschäft.

Koi Lompasammler kommt mehr ond wenig Zigeuner,
au nemme der alte Judaheiner.
Koi Viehhändler bringt mehr a Geld ens Haus,
heut zahlt mr älles bargeldlos aus.
Und älles goht heut über d'Bank,
vor so viel Kontoauszüg wirscht fast krank.

Koin Säcklestag ond koi Facklabrenna
ond drom koi frohes Liedersenga.
Sonntagmittags send mer ens Häusle glaufa,
domols konnt mr no für fünf Pfennig Bäradreck kaufa.
Obends send mer uf d'Raite gspronga,
hend gscherzt ond glacht, Volkslieder gsonga.
Heut wirscht jo ausglacht, wenn da sengst,
von de jonge Menschenskend.
Heut goht's doch bloß no henta muh ond vorna mäh,
immer Homba täterätätä.

Glücklich war mr ond zufrieda,
mit dem weniga, was oim war beschieda.
In der Tasch koin Pfennig Geld,
so ging mr fröhlich durch die Welt.
So ging onser Sonndig vorbei
ond mr hot sich gfrait derbei.

Em Sommer kam der Moosbrugger mit Schiffschaukel ond Karusell,
au a Los- ond Schießbude waret zur Stell.
Die Aufmachung, die war ganz groß,
in Adlerwirts Hof, do war was los.
Wir Kinder waret voller Glück,
em Bett hot mr no ghört die Drehorgelmusik.

Hot es über Nacht amol tüchtig gschneit
hen mir Kinder uns riesig gfreut.
Hörte man morgens den Bittel schon:
»Zum Schneeschaufla von jedem Haus a Person!«
Oh des isch doch dumm,
die alte Bräuch send älle rom!

In der Siedlung enstoht a Häusermeer,
im Dorf manch altes Haus isch leer.
Jetzt isch älles bloß no voller Motora,
da ganza Tag des Geratter der Traktora!
Heut goht doch älles furchtbar schnell,
manchmal zerreißt oim's fast s'Trommelfell.

Ich glaube doch, des isch a Graus,
des liebe alte Dorf stirbt aus.
Allmählich werden wir zur Stadt,
wo man uns längst eingemeindet hat.

In der Natur

Frühling

Nach der kalten Winterszeit sehnt man sich nur
wieder hinaus in Gottes schöne Natur,
wenn durch das zarte Grün die Sonne dringt,
und auf manchem Ast ein Vogel singt.

Da wird's einem ganz warm ums Herz,
vergessen ist Kälte, Kummer und Schmerz.
Überall erwacht Leben – so heimelig weit und breit,
dann weiß jeder: jetzt ist Frühlingszeit!

Wenn die junge Saat aus der Erde schießt,
und manches Gänseblümlein sprießt.
Man darf nicht achtlos dran vorübergehn,
auch die kleinen Dinge muß man sehn.

Wohl dem, der in unserem hektischen Zeitrad
ein Auge für solch schöne Wunder hat.
Da weiß man gar nicht, was man sagen soll,
man fühlt sich einfach pudeleswohl!

Wenn man die vielen Blumen und Blätter sieht,
kommt über die Lippen ein Dankeslied.
Man preist den Schöpfer in seiner Pracht,
der alles so wunderbar gemacht.

Rauhreif

Seht an die schöne Wunderpracht,
das hat der liebe Gott gemacht.
Der Rauhreif hängt wie Zuckerguß,
an Baum und Strauch im Überfluß.

Wie sich die schweren Äste neigen,
kein Vogel zwitschert in den Zweigen.
Die Natur schläft ruhig und still,
s'ist Winterszeit nach Gottes Will.

Die ganze Welt liegt in sichrer Ruh,
ein weißes Tuch deckt alles zu,
bis im Frühjahr durch der Sonne Macht,
alles wieder zu neuem Leben erwacht.

Wo ist der Mensch, der mit seiner Kraft
je hätte Ähnliches geschafft.
Allein dem Schöpfer gebührt die Ehr,
denn außer Ihm schafft's keiner mehr.

Die Birken im Kirchhof

Im Kirchhof werden die alten Birken gefällt,
bin so traurig, sie gehörten zu meiner heilen Welt.
Es waren Frühlingsboten, jeden Tag schaute ich hin,
wie die Knospen sich öffneten, hervor kam das zarte Grün.
Anfang Maien, wenn das meiste vom Winterschlaf noch ruht,
gab einem das erwachende Leben wieder Mut.
Jetzt sind gepflanzt am gleichen Ort vier Linden,
vielleicht kann ich in ihnen neue Freunde finden.

Besinnliches

Gebet eines Kindes

Lieber Gott, es ist nicht viel,
was ich zu Weihnachten wünschen will.
Das schönste Geschenk gabst du uns schon
durch die Geburt von deinem Sohn.

Mein Wunsch wär nur mehr Zeit und Liebe
in diesem weltlichen Getriebe.
Wir werden mit Wohlstand überschüttet,
doch mancher nur um eine Kleinigkeit bittet.

Man kann sich nicht so recht entfalten,
auch keine Phantasie mehr lassen walten.
Wir haben Spielzeug ganze Körbe voll,
weiß nicht mehr, was ich spielen soll.

Manche Kinder tun uns im Herzen leid,
die Eltern sagen nur: ich hab keine Zeit!
Ein kleines Spiel reichte schon aus
und Freude kehrte ein ins Haus.

Wenn alle sitzen um den Tisch
und gelacht wird fröhlich und frisch,
das ist der Wunsch in dieser Zeit
unsrer lieben Kinder heut.

Lieber Gott, nimm Dich der Alten an,
denn sie haben einen Größenwahn.
Mache sie doch auch bescheiden,
dann kannst du sie auch wieder leiden.

So arm wurde in der Heiligen Nacht
Dein Sohn in der Krippe zur Welt gebracht.
Amen

Auf dem Friedhof

Ist es Feierabend nach des Tages Müh und Last,
da halten viele Menschen bestimmt auch mal Rast.
Ich hab beim Haus keinen Garten, da ich mein Herz erquick,
drum lenk ich am Sommerabend zum Friedhof meinen Schritt.

Die Blumen zu begießen auf meiner Eltern Grab,
das ist die letzte Arbeit, die ich am Tage hab.
Es liegen viele Lieben hier in süßer Ruh;
die gute Muttererde deckt sie alle zu.
Es sind Eltern, Nachbarn, Schulkameraden, Bruder, Neffen, die uns verwandt,
und um deren Leben wir gebetet und gebangt.

Wenn ich dann so behutsam durch die Reihen geh
und manchen noch so emsig vor meinen Augen seh,
dann bleib ich stehen bei einem, der einst so viel geschafft,
als er noch jung an Jahren stand in voller Leistungskraft.

Im Geiste reich ich vielen noch einmal die Hand,
vielleicht sehn wir uns wieder im ewgen Heimatland.
Manch Unfall hat gefordert Tochter oder Sohn,
mancher mußte gehen in jungen Jahren schon.
Das brachte die Eltern in sehr großes Leid,
doch diese tiefen Wunden heilt allein die Zeit.
Kommst du vorbei bei Alten, die des Lebens müd und matt,
sie legten ihren gebrechlichen Körper gerne ab.

Hat einer in seinem Leben eine böse Tat getan,
dann bitten wir Gott, den Vater: rechne ihm die Schuld nicht an.
Wir sind doch alle Sünder, wer kann vor ihm bestehn?
Wir möchten auch dem Nächsten seine Fehler übersehn.

Dann schau ich das Kriegerdenkmal an der Kirchenwand,
die jungen Menschen, gefallen für Volk und Vaterland!
Die vielen Väter, die nicht mehr kamen heim,
in manchem Hause kehrte große Trauer ein.

Wenn ich die Reihen durchwandert,dann geh ich wieder heim
und schließe all die Lieben in mein Nachtgebet mit ein.
Dann sag ich zu mir selber, wenn ich mich leg zur Ruh:
vergiß es nicht, oh Hilde, einmal liegst hier auch du!

Selge Weihnacht

Weihnacht, oh welch Frohlocken!
Vom nahen Turm, da läuten Glocken.
Es schallt über Berg und Täler weit:
oh, du selge Weihnachtszeit!

Durch alle Fenster und viele Ritzen,
sieht man helle Lichter blitzen.
Und drinnen in den warmen Stuben,
singen Mädchen und auch Buben.

Nicht nur die Jungen, sogar die Alten,
können da nicht innehalten.
Aus aller Munde ertönt ein Jubelchor
hell zu Gottes Thron empor:

Christus ist geboren heut,
darüber freut sich die ganze Christenheit.
Der für unsre Sünd vergoß sein Blut,
wie machen wir das wieder gut?

Und Friede sei auf Erden,
wann wird das endlich Wahrheit werden?
Immer wieder, man erkennt's,
an einem End der Erde brennt's.

In Treue wolln wir ihm anhangen,
bis wir das ewge Ziel erlangen,
und dankbar sein für jeden Tag,
für seine Lieb und seine Gnad.

Zum neuen Jahr

Das alte Jahr ist eingegangen
durch das Tor der Ewigkeit.
Ein neues hat schon angefangen,
und steht zum Durchleben bereit.

Was wird das neue Jahr uns bringen,
sind es Sorgen, Schmerz und Leid,
oder dürfen wir lobsingen
und erleben eitle Freud?

Wir wissen's nicht, dem treuen Gott und Vater,
ihm sei alles anheimgestellt.
Er wird die Geschicke lenken
auf dieser ganzen weiten Welt.

So bitten wir um Kraft zum Tragen,
was er auch auferlegen mag.
Er half uns gestern, hilft heut und morgen
und auch am übernächsten Tag.

Feierabend

Abendfriede senkt sich über Berg und Tal,
Mond und Sterne leuchten vom Weltenall.
Sie glitzern und strahlen in ihrer Pracht,
und leise legt sich auf die Erde die Nacht.

Alles um uns her ganz still,
s'ist Feierabend nach Gottes Will'.
Nach des Tages Müh, Arbeit und Sorgen,
fühlen wir uns in der Abendruhe geborgen.

Wir halten mal Rückschau auf unser Leben,
ob wir stets unser Bestes gegeben?
Ob wir schon frei sind von manchen Sünden,
ob wir noch viel müssen überwinden?

Wir danken dem Vater im Himmel, der uns das Leben
und bis hierher so viel Gnade gegeben.
Bei all diesem Denken in der Abendruh,
möcht uns Gottes schützende Hand decken zu.